라이트 형제

라이트 형제

김종렬 글 안희건 그림

1903년 12월, 윌버 라이트와 오빌 라이트 형제는 두꺼운 코트를 껴입은 채 바람 소리에 귀를 기울이고 있었어요. 모래 언덕 위로 강한 바람이 불어왔어요.

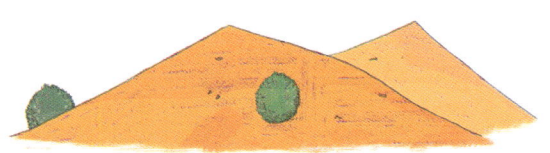

"윌버 형, 오늘은 플라이어호가 멋지게 날아 줄까?"

"걱정 마. 이번에는 반드시 성공할 거야."

한참 바람을 살피던 형제는 캠프 밖으로 나와 붉은 신호기를 올렸어요. 곧 인명 구조 대원 네 명과 근처 마을에 사는 한 소년이 언덕으로 와서 무거운 비행기를 활주로로 끌어 올려 주었어요.

비행기 앞에서 윌버와 오빌은 서로의 손을 꼭 잡았어요. 마치 마지막 인사를 나누는 사람들 같았지요.

오빌이 조종사 자리에 앉자, 윌버와 구조 대원들이 큰 소리로 응원을 보냈어요.

잠시 후, 비행기가 성난 코뿔소처럼 우렁찬 엔진 소리를 내며 활주로를 힘차게 미끄러졌어요.

마침내 오빌을 태운 비행기가 하늘로 떠올랐어요.
월버와 구조 대원들이 환호성을 질렀어요.
 하지만 오빌의 귀에는 그 소리가 들리지 않았어요.
미친 듯이 날뛰는 비행기에서 튕겨 나가지 않으려고
안간힘을 쓰고 있었거든요.

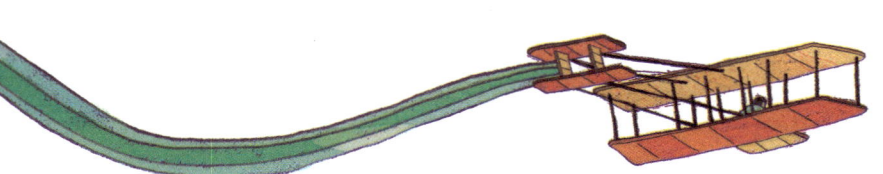

 위태롭게 하늘을 날던 비행기는 얼마 지나지 않아 모래사장에 앞머리를 들이박으며 착륙했어요.
 오빌은 눈이 빙글빙글 돌 정도로 어지러웠지만 얼굴에는 함박웃음이 가득 차올랐어요. 오빌 라이트는 세상에서 처음으로 '기계로 만든 새'를 타고 하늘을 난 사람이었어요.

윌버 라이트와 오빌 라이트 형제는 미국 오하이오 주 데이턴에 살았어요. 윌버는 1867년 인디애나주에서 태어났고, 오빌은 1871년 데이턴에서 태어났지요.

목사였던 아버지는 집을 비우는 날이 많았어요. 대신 손재주 좋은 어머니가 윌버와 오빌에게 장난감과 썰매를 만들어 주었어요. 마차 수리공의 딸이었던 어머니는 얼마나 솜씨가 좋았는지, 손자들까지 두고두고 탈 수 있을 정도로 튼튼한 썰매를 만들었지요.

윌버와 오빌도 어머니를 닮아 기계 만지는 솜씨가 뛰어났어요. 둘은 신문을 자동으로 접어 주는 기계를 만들기도 하고, 고물상에서 구한 낡은 부품들로 인쇄기를 만들기도 했어요.

1892년에 윌버와 오빌은 자전거 가게를 열어 큰 성공을 거두었어요. 윌버와 오빌이 손을 대면 고물 자전거도 마을에서 가장 빠른 자전거로 변신했어요. 망가진 부분을 말끔히 수리해 놓았을 뿐 아니라, 더 안전하면서도 빨리 달릴 수 있도록 고쳐 주었거든요.

형 윌버는 키가 크고 말랐어요. 넓은 이마와 긴 코는 사나운 매처럼 날카로워 보였지요. 하지만 윌버는 수줍음이 많고 꿈을 꾸듯 생각에 빠지기를 좋아했어요.

동생 오빌은 붉은 콧수염을 길렀고 옷차림이 늘 말쑥했어요. 먼지를 뒤집어쓰거나 기름 범벅이 되기 일쑤인 자전거 가게에서도 오빌은 항상 깔끔했지요.

오후가 되어 자전거 가게의 문을 닫을 때면, 구겨진 옷에 먼지를 허옇게 묻힌 윌버와 방금 상자에서 꺼낸 인형처럼 말쑥한 오빌이 함께 집으로 돌아가는 모습을 볼 수 있었어요.

솜씨 좋은 라이트 형제의 자전거 가게를 찾는 사람들은 점점 늘었어요. 그런데도 윌버와 오빌은 "자전거를 다루는 일보다 더 재미있는 일이 없을까?" 하고 자주 이야기했어요.

그러던 어느 날, 윌버가 오빌에게 잡지 한 권을 내밀었어요. 그 잡지에는 박쥐 모양의 커다란 글라이더(바람을 이용해 하늘을 나는 탈것)를 타고 하늘을 나는 남자의 사진이 실려 있었어요.

"오토 릴리엔탈이라는 독일인이야."

오빌은 눈이 휘둥그레졌어요. 잡지에는 오토 릴리엔탈이 글라이더를 열여섯 종류나 만들었고, 이천 번도 넘게 하늘을 날았다고 쓰여 있었어요.

"오빌, 이 사람이 하늘을 날았다면 우리도 날 수 있지 않을까?"

윌버가 조심스럽게 말을 꺼냈어요.

"형, 우리가 하늘을 나는 기계를 만든다면 굉장한 발명이 될 거야!"

오빌의 가슴이 두근거렸어요. 마침내 자전거를 만드는 것보다 더 가슴이 뛰는 일을 발견한 거예요.

윌버와 오빌은 어렸을 때 아버지가 사다 준 선물을 떠올렸어요. 윌버가 열한 살, 오빌이 일곱 살 때의 일이었지요.

"얘들아, 아빠가 뭘 사 왔는지 보렴."

아버지가 무언가를 공중으로 슬쩍 던지며 말했어요. 그것은 빙글빙글 돌며 천장 높이 올라갔다가 윌버의 손바닥으로 떨어졌어요.

"어떠냐? 헬리콥터란다. 이렇게 고무 밴드를 감아 던지면 밴드가 풀리면서 하늘을 날지."

윌버와 오빌은 장난감 헬리콥터에 '박쥐'라는 이름을 붙이고는 신나게 갖고 놀았어요. 나중에 박쥐가 부서지자 둘은 나무 판과 종이, 고무 밴드로 더 큰 박쥐를 만들었어요.

"박쥐를 아주아주 크게 만들면 거기에 매달려서 하늘을 날 수 있을지도 몰라!"

하지만 윌버와 오빌이 만든 큰 박쥐는 하늘을 날지 못했어요. 둘이 아무리 머리를 맞대고 생각해 봐도 이유를 알 수가 없었지요. 하늘을 날고 싶었던 윌버와 오빌의 꿈은 날지 못한 박쥐와 함께 기억 속으로 사라졌어요.

글라이더를 탄 오토 릴리엔탈의 사진을 본 윌버와 오빌은 그때의 기억을 떠올렸어요. 다시 한번 박쥐를 만들어 하늘을 날고 싶다는 생각이 들었어요.

매일 자전거 가게 문을 닫은 뒤, 윌버와 오빌은 하늘을 나는 기계를 만들기 위해 공부했어요. 하지만 도서관에서 비행에 관한 책들을 빌려 읽은 둘은 크게 실망했어요.

"뭐야? 비행에 대해 연구하는 사람들조차 비행기를 만들 수 없다고 생각하잖아!"

오빌이 분통을 터트리며 말했어요.

"아니야, 나비나 새가 날 수 있다면 분명히 사람도 날 수 있을 거야."

윌버의 목소리는 굳은 믿음으로 가득했어요.

하늘을 나는 기계, 비행기를 만들려면 공부해야 할 것이 무척 많았어요. 비행기를 공중에 띄우기 위한 '날개'부터 비행기가 계속 하늘을 날 수 있게 해 줄 '동력'과 비행기의 균형을 유지하고 방향을 조종할 '제어 장치'까지, 모두 윌버와 오빌이 풀어야 할 과제였어요.

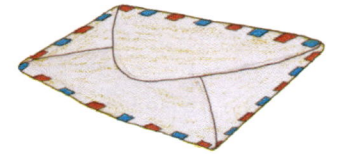 윌버는 스미스소니언 연구소에 편지를 보내 비행에 관한 자료를 보내 달라고 부탁했어요.

연구소에서 보내 준 자료에는 비행기의 날개 모양이나 동력 장치에 대한 이야기가 자세히 실려 있었어요.

그 자료들을 하나하나 살펴보면서 윌버와 오빌은 비행기 날개의 윗면이 볼록하고 아랫면이 평평해야 날기에 좋다는 것을 알게 되었어요. 그래야 날개가 공기를 가르며 나아갈 때, 날개 윗면의 공기 압력을 줄이고 아랫면의 압력을 높여서 비행기를 위로 떠오르게 할 수 있었어요. 이 힘을 '양력'이라고 해요.

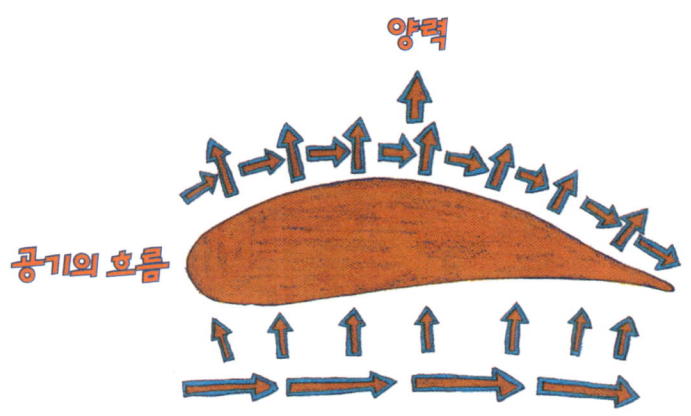

윌버와 오빌은 비행기를 앞으로 나아가게 하는 힘인 동력에 대한 연구 자료도 살펴보았어요.
　새뮤얼 랭글리라는 사람이 모터와 프로펠러를 단 비행기인 '에어로드롬'을 만들어서, 90초 동안 800미터가량을 날았다는 기록이 있었어요. 랭글리는 곧 사람을 태운 동력 비행기도 실험할 예정이었지요.
　하지만 비행기를 어떻게 조종하느냐에 관해 연구한 사람은 아무도 없었어요.

윌버와 오빌은 깜짝 놀랐어요. 지금까지 비행기를 연구한 사람들은 비행기가 하늘에 뜰 수만 있다면 조종쯤은 문제없다고 생각했던 거예요. 하지만 윌버와 오빌은 비행기의 균형을 잡고 비행기를 원하는 방향으로 움직이는 것이야말로 비행기를 만드는 일의 핵심이라고 생각했어요.

비행기의 조종 문제에 대해 고민하던 어느 일요일 아침, 윌버는 한적한 들판을 거닐다가 말똥가리 한 마리를 보았어요. 말똥가리는 한쪽 날개를 아래로 기울이고, 이어서 다른 쪽 날개를 기울이는 방식으로 둥글게 맴돌고 있었어요.

 '저 말똥가리가 균형을 잃지 않고 왼쪽 오른쪽으로 자유롭게 나는 원리를 알 수 있다면, 비행기를 조종하는 문제를 해결할 수 있을 텐데…….'

윌버는 비행기 날개를 말똥가리처럼 왼쪽 오른쪽으로 차례대로 기울이는 상상을 해 보았어요. 하지만 비행기 날개는 딱딱해서 말똥가리의 날개처럼 유연하게 비틀어지지 않을 것 같았어요.

　윌버는 릴리엔탈이 공중에서 글라이더의 균형을 어떻게 잡았는지도 떠올려 보았어요. 릴리엔탈은 글라이더에 매달린 채 곡예사처럼 다리를 마구 휘젓거나 몸통을 왼쪽 오른쪽으로 움직여서 균형을 잡았어요.

한참 생각에 잠겨 있던 윌버는 어깨를 으쓱했어요. 비행기에 한 사람만 탄다면 릴리엔탈의 방식으로도 균형을 잡을 수 있겠지만, 윌버가 만들려는 비행기는 여러 사람이 함께 탈 수 있는 큰 비행기였어요. 스무 명의 사람들이 글라이더에 매달려 저마다 가려는 방향으로 발을 휘젓는 모습을 떠올린 윌버는 가만히 고개를 저었어요.

어느 토요일 오후, 윌버는 혼자 가게를 지키고 있었어요. 갑자기 가게 문이 벌컥 열리더니 한 손님이 허둥지둥 들어왔어요.

"길이 저렇게 울퉁불퉁해서야, 원. 자전거 바퀴에 또 구멍이 났네!"

"어디 좀 볼까요? 저런, 튜브까지 바꿔야겠군요."

윌버는 손님의 자전거를 살펴본 뒤, 부품 선반에서 튜브 상자를 꺼냈어요.

"오늘 열리는 자전거 대회는 안 보러 갑니까?"

"네, 새로운 사업을 해 볼까 궁리 중이거든요. 요즘은 오빌도 저도 이것저것 공부하느라 몹시 바쁘지요."

월버는 손님과 이야기를 나누면서 튜브가 든 종이 상자를 행주 짜듯 비틀었어요. 순간 무심코 자신의 손을 내려다본 월버는 그렇게 애타게 찾던 해답이 바로 손안에 있음을 깨달았어요.

"그래, 맞아! 이 상자처럼 날개를 두 겹으로 해서 비틀면 되는 거였어!"

윌버는 손님이 나가자마자 가게 문을 걸어 잠갔어요. 그러고는 방금 떠오른 생각이 사라져 버릴새라 얼른 종이에 그려 두었어요.

윌버의 머릿속에 떠오른 비틀기 장치는 왼쪽과 오른쪽의 날개 끝 부분을 서로 반대 방향으로 비틀어 주는 것이었어요. 윌버의 생각대로라면 자유롭게 하늘을 나는 말똥가리들처럼 공중에서 균형을 잃지 않는 비행기를 만들 수 있었지요.

윌버와 오빌은 비틀기 장치가 생각처럼 작동하는지 시험해 보기로 했어요.

둘은 1.5미터 길이의 날개가 아래위로 두 개 있는 글라이더 연을 만들었어요. 그리고 연의 날개 끝부분에 실을 잡아맨 다음 나무 막대에 연결해 아래에서 연을 조종할 수 있게 했어요.

윌버와 오빌은 연을 들고 들판으로 나갔어요. 마침 강한 바람이 불어 연을 띄우기에 아주 좋았어요.

윌버는 바람 속으로 연을 띄우고는 실을 천천히 풀었어요. 연이 물살을 거슬러 헤엄치는 물고기처럼 이리저리 움직이기 시작했어요. 윌버는 나무 막대를 힘껏 쥐고 왼쪽과 오른쪽으로 기울여 보았어요. 윌버의 손놀림에 따라 연의 한쪽 날개가 기울더니, 잇따라 다른 쪽 날개가 기울면서 균형을 잡았어요.

"멋진걸! 역시 형의 생각이 옳았어!"

"이제 사람이 탈 수 있게 만들어 보자!"

"우리가 글라이더를 타고 하늘을 날려면 이보다 훨씬 센 바람이 필요할 텐데……. 우리 몸무게를 이겨 내야 하니까."

윌버와 오빌은 기상국에 편지를 써서, 미국에서 가장 바람이 강한 곳이 어디인지 알아냈어요.

기상국에서 알려 준 곳은 노스캐롤라이나주에 있는 작은 바닷가 마을인 키티 호크였어요. 키티 호크는 바닷바람이 센 데다, 모래사장이 끝없이 펼쳐져 있어 글라이더가 떨어져도 안전할 것 같았어요.

윌버와 오빌은 키티 호크로 가져갈 글라이더를 만들며 여름이 오기만을 손꼽아 기다렸어요.

윌버와 오빌의 예상대로 키티 호크는 비행 실험을 하기에 아주 좋은 곳이었어요. 바람이 부는 바닷가는 한적했고, 인명 구조 대원들이 머무는 초소가 가까워 도움을 청하기도 좋았지요.
　윌버와 오빌은 높은 모래 언덕에 텐트를 치고 집에서 단단히 포장해서 보낸 글라이더가 도착하기를 기다렸어요. 바람이 어찌나 센지 텐트가 흔들릴 때마다 천둥이 치는 것 같았어요. 하지만 형제의 마음은 글라이더를 타고 거센 바람 속을 날아다닐 꿈에 부풀었어요.

며칠 뒤, 글라이더가 도착했어요. 날개 길이가 약 5미터나 되고, 아래위로 두 개의 앞날개가 있는 글라이더였어요. 윌버와 오빌은 단단한 나무로 틀을 짜고 무명천을 덮어 그 글라이더를 만들었지요.

바람이 많이 부는 날, 드디어 형제는 글라이더를 날리기로 했어요. 처음에는 사람을 태우지 않고 연을 날리듯 글라이더를 날리면서 날개나 조종 끈을 고쳤어요.

삼 주 뒤, 마침내 윌버와 오빌은 글라이더를 직접 타기로 했어요. 키티 호크의 우체국장 빌 테이트가 도와주러 왔어요. 세 사람은 힘을 합쳐 글라이더를 가장 높은 모래 언덕으로 가져갔어요.

윌버가 먼저 글라이더를 타기로 했어요. 윌버는 글라이더의 아래쪽 날개에 있는 조종석에 배를 붙이고 엎드려 하늘로 날아오를 준비를 했어요. 오빌과 빌 테이트가 글라이더의 양쪽 날개를 잡고 바람을 맞으며 언덕 아래로 달려 내려갔어요. 바람이 날개 위로 불어오자 글라이더가 힘차게 날아올랐어요.

윌버는 가슴이 터질 것만 같았어요. 새처럼 하늘을 날고 싶었던 꿈이 드디어 이루어진 거예요.

월버는 이날 하루 동안 열두 번을 날았어요. 한 번 뜰 때마다 15초 정도 하늘에 머무르며 100미터쯤 날았지요. 자전거보다도 느린 속도였지만, 조종사가 비틀기 장치로 글라이더의 균형을 잡을 수 있다는 사실을 확인한 값진 실험이었어요.

1901년 여름, 윌버와 오빌은 다시 키티 호크로 갔어요. 이번에는 날개 길이가 약 6.6미터나 되는 엄청나게 큰 글라이더를 가져갔지요. 지난겨울 동안 윌버와 오빌은 더 오래, 더 멀리 날 수 있는 글라이더를 만들기 위해 온갖 노력을 다 기울였어요. 날개 모양을 다듬고 비틀기 장치를 손봤지요. 또 승강키를 달아 비행 중에 아래위로 비행기를 조종할 수 있게 만들었어요.

그런데 이번에는 운이 따르지 않았어요. 캠프를 세우자마자 일주일 동안 큰비가 쏟아져 꼼짝할 수가 없었어요. 비가 그친 뒤에는 모기 떼가 나타나 형제를 괴롭혔어요. 게다가 새로운 글라이더는 여기저기서 문제를 일으켰어요. 몇 번이나 수리를 했지만 글라이더는 제멋대로 움직일 뿐이었지요.

결국 큰 사고가 나고 말았어요. 윌버가 조종하던 글라이더가 모래 언덕에 처박혀 완전히 부서지고 만 거예요. 윌버는 뺨이 찢어지고 눈에 멍이 들었어요.

"뭐가 문제인 걸까?"

오빌이 윌버의 상처를 치료하며 중얼거렸어요.

"날개 모양을 바꾼 게 실수였을까? 릴리엔탈의 실험 결과에 따라 가장 양력이 크게 생기는 모양으로 바꾼 건데……."

윌버와 오빌은 완전히 기가 꺾였어요.

"그렇게 많은 사람들이 애쓰고도 비행기를 만들지 못한 데는 다 이유가 있었겠지."

"작년에는 그저 운이 좋아서 성공했던 걸까……."

윌버와 오빌은 서로를 바라보며 한숨을 쉬었어요. 목숨을 건 비행기 실험을 계속해야 할지 확신이 서지 않았어요.

집으로 돌아온 윌버와 오빌은 묵묵히 자전거 가게 일에만 매달렸어요. 비행기에 대한 이야기는 거의 하지 않았어요. 너무 실망스럽고 마음이 아파 말을 하는 것조차 괴로웠어요.

그러던 어느 날, 토목 기사 협회에서 윌버에게 비행에 대한 강연을 해 달라고 부탁했어요. 두 번째 글라이더가 하늘을 나는 데 실패하긴 했지만, 윌버와 오빌이 만든 날개 비틀기 장치는 그때까지 아무도 생각하지 못한 방법이었거든요.

　강연장은 비행기에 대한 호기심을 갖고 모여든 사람들로 꽉 차 있었어요. 사람들의 눈동자는 어서 새로운 발명품을 만나고 싶다고 말하고 있었지요.

　마침내 윌버가 실패한 실험에 대해 털어놓았어요.

　"이번 여름 우리는 릴리엔탈의 실험 결과에 따라 글라이더의 날개를 고쳤습니다. 하지만 릴리엔탈이 목숨을 건 이천 번의 비행에서 이끌어 낸 숫자는 아무런 쓸모가 없었습니다. 인간은 분명 하늘을 날게 되겠지만, 우리가 살아 있는 동안은 아닐지도 모릅니다."

그러자 강연을 듣던 사람들 중 한 명이 말했어요.

"작년에 당신들은 릴리엔탈을 단숨에 따라잡았지요. 지금까지 남이 닦아 놓은 길로만 달리다가, 이제 겨우 한 번 실패한 셈인데 웬 엄살이 그리 심하시오?"

윌버는 정신이 번쩍 드는 것 같았어요. 그전까지 실험이 너무나 순조로워서 이번 실패를 더 크게 느꼈던 거예요.

윌버는 비행기에 도전했던 사람들이 수백 수천 번의 실패를 겪어 왔다는 사실을 떠올렸어요. 그리고 다시 처음부터 실험을 시작하기로 결심했지요.

윌버와 오빌의 작업실은 다시 분주해졌어요. 자전거 가게에서 일하는 동안은 글라이더를 직접 탈 수 없어서 작은 모형 날개를 만들어 실험했어요.

윌버와 오빌은 공기의 흐름이 비행기에 미치는 영향을 실험하려고 풍동을 만들었어요. 풍동은 약 1.8미터 길이의 나무 상자로, 한쪽 끝에 바람을 일으키는 송풍기가 달려 있고 위에는 유리를 덮어 상자 안을 볼 수 있었어요.

윌버와 오빌은 이 풍동 안에 주석, 아연 철판, 강철 등의 재료로 만든 작은 모형 날개들을 넣어 바람 속에서 어떻게 움직이는지를 관찰했어요.

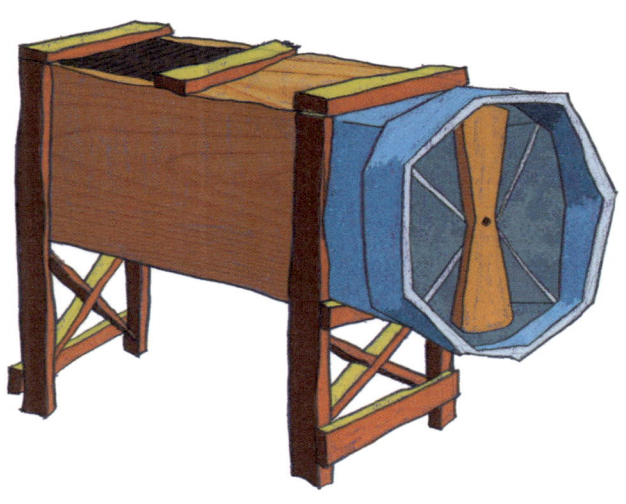

　기나긴 겨울 동안 두 사람은 끈질기게 실험을 계속했어요. 이백 개나 되는 모형 날개들을 하나하나 실험하고 양력을 계산했지요. 다른 사람의 눈에는 지루할 일들이 윌버와 오빌에게는 흥미롭기만 했어요.
　형제의 노트는 곧 숫자들로 빼곡히 채워졌어요. 실험이 거듭될수록 하늘을 날 수 있을까 하는 의심은 사라지고, 점점 자신감이 생겨났어요.

　윌버와 오빌은 그간의 실험 결과를 바탕으로 새로운 글라이더를 만들었어요.
　새 글라이더는 날개 길이가 약 9.6미터에 폭이 1.5미터가량이나 되었어요. 실험 결과에 따르면 이 크기의 날개가 양력을 가장 크게 받을 수 있었어요. 또 비행기가 회전하는 동안 균형을 잡을 수 있도록 꼬리 날개도 달았어요.

　1902년 8월 말, 윌버와 오빌은 다시 키티 호크로 갔어요.
　작년에 지어 놓은 캠프가 폭풍으로 망가진 것을 보니, 지난번의 실패가 떠올라 두려운 마음이 들었어요. 하지만 형제는 곧 마음을 다잡고 캠프를 수리했어요.

9월 중순, 새로운 글라이더의 비행 준비가 끝났어요. 윌버와 오빌은 아주 조심스럽게 시험 비행을 시작했어요. 짧은 거리만 비행하면서 왼쪽 오른쪽 아래위로 비행기를 조종해 보았지요. 며칠간 시험 비행이 순조롭게 이루어지자 형제의 얼굴에는 미소가 피어났어요.

하지만 기쁨도 잠시, 오빌이 비행하던 중에 사고가 일어나고 말았어요.

바람이 좋지 않는 날이었어요. 갑자기 한쪽 날개가 위로 솟구치더니 글라이더가 바닥으로 떨어졌어요. 다행히 오빌은 무사했고 글라이더 역시 크게 부서지지 않았어요.

윌버와 오빌은 글라이더를 수리하며 문제의 원인을 찾았어요. 아무래도 새로 단 꼬리 날개가 말썽인 듯했어요.

"꼬리 날개도 움직일 수 있게 만들면 어떨까?"

오빌은 새의 꼬리처럼 꼬리 날개를 움직일 수 있도록 만들었어요. 조종사가 양옆의 날개를 비틀 때 꼬리 날개도 돌릴 수 있게 한 거예요. 그러자 글라이더의 움직임을 완벽하게 통제할 수 있었어요.

이제 윌버와 오빌은 아무런 걱정 없이 조종술을 익히는 데만 열중했어요. 신나게 비행을 한 밤이면 윌버는 하모니카를, 오빌은 만돌린을 꺼내 연주하면서 노래를 불렀지요.
　그리고 마침내 윌버와 오빌은 마지막 과제인 '동력 비행기'에 도전했어요. 둘은 자전거 가게에서 일하던 기계공 찰리의 도움을 받아, 글라이더에 실을 수 있을 만큼 가벼우면서도 강한 모터를 만들었어요. 프로펠러도 직접 만들었지요.

다시 키티 호크로 떠나는 날, 기차역으로 배웅을 나온 아버지가 윌버의 손에 지폐 한 장을 쥐어 주며 말했어요.

"몸조심해라. 무슨 일이 생기면 바로 전보 보내고."

지팡이를 짚고 선 아버지의 하얀 머리카락이 찬 가을바람에 나부꼈어요. 윌버와 오빌은 아버지를 안으며 크리스마스 전에는 반드시 돌아오겠다고 약속했어요.

1903년 9월 25일, 윌버와 오빌은 이제까지 만든 것 중 가장 큰 비행기인 플라이어호와 함께 키티 호크에 도착했어요. 하지만 플라이어호는 모터와 프로펠러의 부품들이 계속 문제를 일으켜 12월이 되도록 시험 비행을 할 수 없었어요.

그해 10월 7일에는 새뮤얼 랭글리가 가솔린 동력으로 움직이는 비행기인 '그레이트 에어로드롬'을 시험 비행 했어요. 하지만 그레이트 에어로드롬은 이륙하자마자 고장을 일으켜 강으로 떨어지고 말았어요.

랭글리는 12월 8일에 다시 한번 비행을 시도했지만, 이번에도 에어로드롬은 한 덩어리의 밀가루 반죽처럼 강으로 미끄러져 떨어졌어요.

《뉴욕 타임스》는 "아마 사람을 태운 비행기를 만드는 것은 가능할 것이다. 다만 수학자들과 기술자들이 천만 년 정도는 열심히 일해야 될 것이다."라는 기사를 실어 랭글리를 비웃었어요.

윌버와 오빌은 초조한 마음으로 플라이어호의 시험 비행을 준비했어요. 날씨가 더 나빠지기 전에 플라이어호를 시험해야 했어요.

　모터와 프로펠러를 달아 무거워진 플라이어호를 띄우기 위해서는 활주로가 필요했어요. 윌버와 오빌은 끙끙거리며 비탈에 목재 선로를 깔았어요. 그러고는 그 위에 썰매 날을 단 수레를 올려놓았어요.

　플라이어호는 이 수레에 실린 채 활주로를 달려 내려가다 하늘로 날아오를 참이었어요. 인명 구조 대원들이 플라이어호를 수레 위에 올려 주었지요.

　1903년 12월 17일, 단정하게 넥타이를 매고 신사 모자를 쓴 오빌이 플라이어호에 올라탔어요. 오빌은 사람들의 응원 소리를 들으며 모터에 시동을 걸고 프로펠러가 제대로 도는지 확인했어요.
　플라이어호는 서서히 활주로를 미끄러지더니 곧 하늘로 뛰어들었어요. 아직 누구도 보지 못한 새로운 세계가 오빌의 눈앞에 펼쳐졌어요.

오빌은 모터의 힘으로 움직이는 날개 달린 기계를 타고 하늘을 날고 있었어요. 랭글리가 그레이트 에어로드롬의 시험 비행에 실패한 지 9일 만의 일이었지요.

오빌은 12초 동안 하늘에 머무르며 36미터 가량을 날았어요. 뒤이어 윌버도 플라이어호를 타고 59초 동안 약 256미터를 날았어요.

라이트 형제가 세계 최초로 동력 비행기를 타고 하늘을 난 역사적인 순간, 키티 호크 언덕에는 이 사건을 세상에 알릴 신문 기자가 한 사람도 없었어요. 오직 구조 대원 네 명과 한 소년만이 증인이 되어 주었지요.
  그래도 동력 비행기를 완성했다는 기쁨은 조금도 덜하지 않았어요. 윌버는 매서운 바람 속을 한 시간이나 걸어 아버지께 전보를 보냈어요.
  "비행 성공. 크리스마스에 돌아감."

처음에 사람들은 윌버와 오빌이 동력 비행기를 타고 하늘을 날았다는 것을 믿지 않았어요.

윌버와 오빌은 기자들을 불러 시험 비행을 하려고 했지만 플라이어호는 엔진 고장으로 이륙조차 하지 못했지요.

윌버와 오빌은 애써 답답한 마음을 떨쳐 내며 플라이어호의 성능을 더 좋게 만드는 데 힘썼어요.

1905년 봄에 완성한 플라이어 3호는 연료가 떨어지지 않는 한 안전하게 공중에 떠 있을 수 있었고, 기울기와 회전도 쉽게 할 수 있었지요.

월버와 오빌은 미국 국방부에 비행기를 발명했다는 것을 알렸어요. 랭글리에게 지원을 아끼지 않았던 미국 국방부라면 큰 관심을 보일 거라고 생각했거든요.

하지만 국방부 담당자는 고개를 절레절레 저을 뿐이었어요. 이미 랭글리에게 엄청난 연구비를 지원했다가 허탕을 친 탓에, 조그만 자전거 가게 주인인 월버와 오빌의 말을 믿지 못했던 거예요.

윌버와 오빌은 포기하지 않고 비행기 개발을 도와줄 곳을 찾았어요.

1908년에 윌버는 프랑스로 갔어요. 한 프랑스 회사와 '라이트 플라이어호'를 만들기로 계약하면서 시험 비행을 하기로 한 거예요.

프랑스 신문들은 "비행사인가, 거짓말쟁이인가?"라는 제목의 기사를 내보내며 윌버에게 의심의 눈초리를 보냈어요.

8월 8일, 윌버는 과감하게 시민들과 기자들 앞에서 시범 비행을 했어요. 비행은 대성공이었어요.

윌버는 다음 해 1월까지 프랑스에서 백 회 이상 시범 비행을 하며 프랑스인들을 사로잡았어요. 때로는 옆자리에 승객을 태우기도 했지요.

프랑스에서 윌버의 인기는 점점 높아졌어요. 파리 사람들은 「그가 하늘을 나네」라는 노래를 만들어 불렀고, 윌버와 오빌의 이야기를 담은 책 『최초의 새 인간, 윌버 라이트와 오빌 라이트』는 없어서 못 팔 정도였어요.

오빌도 미국에서 국방부와 계약하기 위해 시범 비행을 했어요. 1908년 9월 3일, 오빌은 버지니아주 포트 마이어에 있는 한 운동장에서 플라이어호를 타고 하늘 높이 날아올랐어요. 오빌이 하늘을 나는 것을 보려고 근처 마을에서 수천 명의 구경꾼들이 모여들었지요.
　시범 비행은 순조로웠어요. 하지만 9월 17일, 오빌을 태운 플라이어호가 끔찍한 소리를 내며 추락하고 말았어요. 오빌은 갈비뼈가 부러지고 머리와 등을 크게 다쳤어요.

프랑스에서 오빌의 사고 소식을 들은 윌버는 깜짝 놀랐어요. 시범 비행도 미루고 전화기 옆에서 발만 동동 굴렀지요.

윌버는 오빌이 고비를 넘겼다는 소식을 들은 뒤에야 플라이어호에 올랐어요. 그리고 1시간 31분이라는 새로운 비행 기록을 세웠어요.

"이번 비행 기록이 오빌에게 힘이 되기를 바랍니다."

병원에서 윌버의 비행 기록에 대해 전해 들은 오빌은 몹시 기뻐했어요.

 1909년 1월, 건강을 회복한 오빌은 윌버를 안심시키기 위해 프랑스로 건너갔어요.
 윌버와 오빌은 유럽의 스타가 되었어요. 신기한 발명품인 비행기를 보기 위해 많은 나라에서 라이트 형제를 초청했어요. 두 사람은 프랑스, 이탈리아, 독일에서 플라이어호를 타고 하늘을 날았어요. 어디를 가나 시범 비행을 보고 싶어 하는 사람, 비행기 조종을 배우고 싶어 하는 사람들이 줄을 섰어요.

1909년 윌버와 오빌은 데이턴에 라이트 비행기 회사를 세웠어요. 그리고 더 많은 사람들과 물건을 실어 나를 수 있는 비행기 개발에 몰두했어요. 바야흐로 비행의 시대가 열리고 있었어요.
　눈코 뜰 새 없이 바쁜 중에도 윌버는 새로 개발한 플라이어호에 아버지를 태우고 하늘을 날았어요. 여든 살이 넘은 아버지는 "더 높이 날아라! 더 높이!" 하고 신나게 외쳤지요.
　하지만 아버지와 함께한 이 비행이 윌버의 마지막 비행이 되고 말았어요. 1912년 장티푸스에 걸린 윌버는 끝내 병을 이기지 못했어요.

오빌은 약 삼 년 뒤 사업을 그만두고 고향으로 돌아가서 비행기 연구를 계속하다가 1948년에 세상을 떠났어요.

인간이 하늘을 나는 것이 꿈이었던 시절, 윌버와 오빌은 함께 하늘을 개척했어요. 라이트 형제가 처음으로 하늘을 나는 데 성공했던 비행기는 자전거보다도 느렸지만, 오늘날 비행기는 가장 빠른 교통수단으로 세계의 하늘을 누비고 있어요.

♣ 사진으로 보는 라이트 형제 이야기 ♣

공상가 윌버와 기술자 오빌

윌버 라이트와 오빌 라이트는 마음이 아주 잘 맞는 형제였어요. 평생 함께 살면서 일상생활부터 비행기 연구까지 많은 것을 같이했지요. 특히 둘 다 기계를 좋아하고 손재주가 뛰어나서 어릴 때부터 무언가를 만들거나 고치기를 잘했어요. 둘은 친구들에게 연을 만들어 팔거나 신문을 자동으로 접어 주는 기계를 만들거나 고물상에서 구한 온갖 이상

윌버 라이트(왼쪽)와 오빌 라이트(오른쪽)예요. 사람들은 라이트 형제를 쌍둥이처럼 서로 떼어 놓을 수 없는 사이라고 말하곤 했어요.

데이턴에 있던 라이트 형제의 자전거 가게예요. 라이트 형제는 솜씨 좋은 수리공으로 이름을 떨치며 큰 성공을 거두었어요.

한 물건들로 인쇄기를 만들곤 했지요. 라이트 형제가 만든 인쇄기는 고물 부품으로 만들어 볼품없었지만 한 시간에 천 장이나 인쇄를 할 만큼 성능이 뛰어났어요.

1892년에 라이트 형제는 자전거 가게를 열어 큰 성공을 거두었어요. 단순히 자전거를 팔거나 수리하는 데서 그치지 않고, 자전거의 부품을 직접 만들어 새로운 자전거 모델을 만든 덕분이었지요.

라이트 형제는 고등학교를 중퇴했지만, 학교를 그만둔 후에도 과학과 공학 공부를 계속했어요. 거기에 타고난 손재주가 더해져 세계 최초의 동력 비행기를 발명할 수 있었지요.

형인 윌버는 머릿속으로 공상하기를 좋아했고, 동생인 오빌은 여러 가지 기구들을 분해하고 조립하면서 어떻게 작동되는지 알아보기를 좋아했어요. 두 사람 중 어느 쪽이 더 공이 많다고 말할 수는 없어요. 동력 비행기의 발명은 두 사람이 함께 해낸 일이었거든요.

하늘을 나는 꿈을 꾼 사람들

사람들은 아주 오래전부터 새처럼 날기를 꿈꾸었어요. 11세기 영국의 에일머라는 수도사는 나무틀에 아마천을 넓게 펼쳐서 날개를 만들고 아교로 오리와 닭의 깃털을 붙였어요. 수도원 탑 꼭대기에서 두 날개를 펴고 뛰어내린 에일머 수도사는 바람을 타고 200미터 이상 날았지만, 결국 아래로 떨어져 다리가 부러지고 말았어요.

16세기 초 이탈리아의 위대한 화가이자 과학자였던 레오나르도 다빈치도 비행에 관해 많은 연구를 했어요. 다빈치는 새들이 어떻게 나는지를 연구해 비행 기계에 대한 스케치를 남겼지요.

다빈치 이후에도 많은 사람들이 하늘을 나는 기계를 상상했어요. 그중에는 배처럼 돛이나 노를 이용한 것도 있었고, 날개를 달거나 바퀴를 밟도록 설계된 기계들도 있었어요.

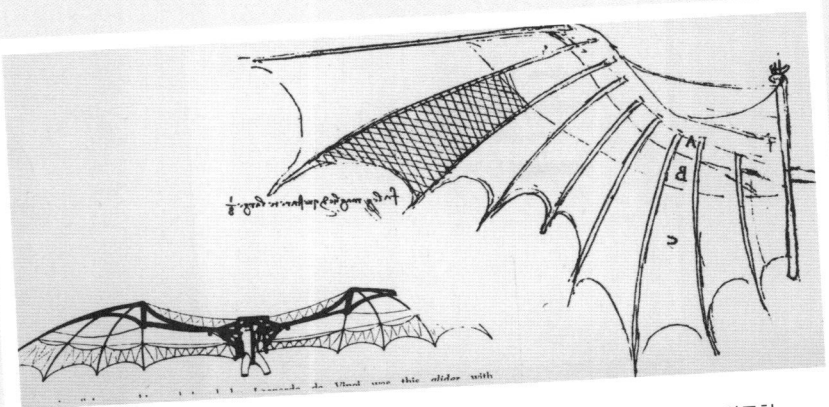

레오나르도 다빈치가 스케치한 비행 기계예요. 이탈리아의 화가 레오나르도 다빈치는 천문학, 물리학 등에서 독창적인 연구를 남긴 뛰어난 과학자이기도 했어요.

오늘날과 같은 형태의 비행기를 상상한 최초의 사람은 영국의 조지 케일리예요. 1804년, 조지 케일리는 세계 최초로 모형 글라이더를 만들어 하늘에 띄우는 데 성공하며 비행기의 기초 원리를 밝혔어요.

독일의 오토 릴리엔탈은 1891년에 사람이 탈 수 있는 글라이더를 개발하고 비행에 성공했어요. "직접 비행을 해 봐야 비행을 이해할 수 있다."고 믿었던 오토 릴리엔탈은 이천 번에 이르는 비행을 통해 라이트 형제를 비롯한 많은 사람들에게 하늘을 날 수 있다는 희망을 주었어요.

오토 릴리엔탈은 최초로 글라이더를 조종해 하늘을 난 사람이에요. 라이트 형제는 잡지에서 오토 릴리엔탈에 대한 기사를 읽고 비행기를 만들기로 결심했어요.

미국의 새뮤얼 랭글리도 비행기 개발에 힘쓴 사람 중 하나예요. 랭글리는 1903년에 사람이 조종하고 가솔린 동력으로 움직이는 '그레이트

새뮤얼 랭글리(오른쪽)가 1903년에 조종사와 함께 찍은 사진이에요. 이 즈음에 랭글리는 그레이트 에어로드롬 시험 비행에서 실패하고 말았지요.

에어로드롬'을 시험 비행했어요. 비록 그레이트 에어로드롬은 두 번 모두 시험 비행에 실패했지만, 랭글리에게 도움을 받은 라이트 형제는 엔진이 달린 비행기를 타고 세계 최초로 하늘을 날았어요.

라이트 형제의 비행기 연구

라이트 형제는 공기보다 무거운 비행기를 하늘에 날리기 위해서 세 가지를 중점적으로 연구했어요. 비행기를 하늘로 띄워 올리기 위한 날개, 비행기가 계속 하늘을 날 수 있게 해 줄 동력, 비행기를 조종할 수 있는 제어 장치가 그것이었지요.

날개와 동력 장치에 대해서는 이미 어느 정도 연구가 되어 있었어요. 오토 릴리엔탈은 비행기 날개가 윗면은 볼록하고 아랫면은 평평한 곡면 모양이어야 한다는 것을 알아냈어요. 그래야 날개가 공기를 가르면서 나아갈 때 날개 윗면의 공기 압력을 줄이고 아랫면의 압력을 높여서, 비행기를 위로 떠오르게 해 줄 수 있었어요. 새뮤얼 랭글리는 모터와 프로펠러를 결합한 장치로 비행기를 계속 앞으로 나아가게 하는 게 가능하다는 것을 보여 주었어요.

하지만 비행기를 조종하는 방법에 대해 연구한 사

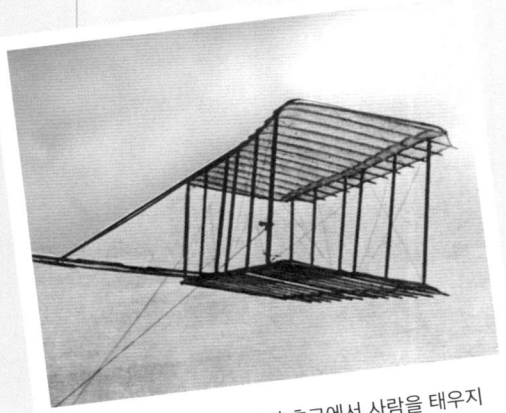

1900년 라이트 형제는 키티 호크에서 사람을 태우지 않은 글라이더를 하늘에 날렸어요.

람은 거의 없었어요. 라이트 형제는 비행기의 균형을 잡고 원하는 방향으로 비행기의 움직임을 통제하는 것이야말로 비행기 개발의 핵심이라고 생각했어요. 말똥가리가 하늘을 나는 모습에서 힌트를 얻은 라이트 형제는 비행기를 상하좌우로 움직이는 것 외에 한쪽 날개를 아래로 기울이고, 이어서 다른 쪽 날개를 옆으로 기울여 회전하는 방법을 찾아냄으로써 비행기를 효과적으로 제어할 수 있게 되었어요.

1902년 윌버가 글라이더를 타고 하늘을 나는 모습이에요. 이 글라이더는 상하좌우뿐 아니라 빙글빙글 돌면서 움직일 수 있었어요.

그 후 라이트 형제는 비행기에 적합한 형태의 동력 장치와 프로펠러를 만들어 1903년 12월 17일, 세계 최초의 동력 비행기를 타고 하늘을 날았어요.

세계 최초의 동력 비행기, 플라이어호

1903년 12월 라이트 형제는 미국 노스캐롤라이나주 키티 호크에서 플라이어호의 시험 비행을 준비했어요. 플라이어호는 당시 만들어진 그 어떤 비행기보다 성능이 뛰어났어요.

12월 14일, 윌버가 먼저 플라이어호를 탔어요. 하지만 플라이어호는 바람을 타고 몇 초 동안 올라가는가 싶더니 곧 모래에 처박히고 말았어요.

12월 17일, 이번에는 오빌이 플라이어호에 올라탔어요. 인명 구조 대원 네 명과 근처 마을에 사는 십 대 소년 한 명이 플라이어호를 활주로로 끌어 올리는 것을 도와주었지요. 오전 10시 35분, 플라이어호가 천천히 앞으로 움직였어요. 비행기를 따라 달리던 윌버가 승강타를 잡아당겼고, 플라이어호는 그대로 공중으로 떠올랐어요.

1903년 12월 17일, 플라이어호가 이륙하는 모습이에요.

프로펠러의 힘으로 날아간 플라이어호는 잠시 후 미끄러지듯 모래밭에 착륙했어요. 비행기와 오빌 모두 아무런 이상이 없었어요. 비행시간은 12초, 비행 거리는 약 36미터였어요. 동력 비행기 발명에 도전

윌버가 로마에서 시범 비행을 할 때의 모습이에요. 라이트 형제는 세계 여러 나라에서 시범 비행을 하며 '하늘의 개척자'로 이름을 날렸어요.

한 지 7년 만의 일이었지요.

  이날 라이트 형제는 시험 비행을 세 차례 더 했고, 정오 무렵에는 윌버가 플라이어호를 타고 59초 동안 약 256미터를 날았어요. 여러 번의 실패에도 꿈을 포기하지 않고 끝까지 노력했기에 가능한 일이었지요.

함께 보면 쏙쏙 이해되는 역사

◆ 1867년
윌버 라이트가 태어남.

◆ 1871년
오빌 라이트가 태어남.

1860   **1870**

◆ 1912년
윌버 라이트가
장티푸스에 걸려 세상을
떠남.

1910   **1920**

1927년
미국의 찰스 린드버그가
대서양 횡단 비행에
성공함.

◆ 라이트 형제의 생애
● 비행기 발달의 역사

◆ 1892년
라이트 자전거 가게를 엶.
오토 릴리엔탈에 대한
기사를 읽고 비행기를
만들기로 결심함.

◆ 1899년경
날개 비틀기 실험에
성공함.

◆ 1903년
세계 최초의 동력 비행기
플라이어 1호의 시험
비행에 성공함.

◆ 1909년
라이트 비행기
회사를 세움.

1890

● 1891년
독일의 오토 릴리엔탈이
개발한 글라이더가 세계
최초로 사람을 태우고
비행에 성공함.

● 1903년
미국의 새뮤얼 랭글리가
그레이트 에어로드롬을
개발함.

1900

◆ 1948년
오빌 라이트가
세상을 떠남.

1940

추천사

「새싹 인물전」을 펴내면서

요즈음 아이들에게 '훌륭한 사람'이 누구냐고 물으면 '돈 많이 버는 사람'이라고 대답한다고 합니다. 초등학생의 태반은 가수나 배우가 되고 싶어 하고요. 돈 많이 버는 사람이나 연예인이라는 직업이 나쁘다는 것이 아니라, 아이들이 각자가 갖고 있는 재능과는 상관없이 모두 똑같은 꿈을 갖는 것 같아 걱정입니다. 또 한편으로는 아이들이 진정 마음으로 닮고 싶은 사람에 대한 정보가 부족한 것은 아닌가 하는 생각도 듭니다.

어릴수록 위인 이야기의 힘은 큽니다. 아직 어리고 조그마한 아이들은 자신이 보잘것없다고 생각하고 위인들의 성공에 감탄합니다. 하지만 그네들에게는 끝없이 열린 미래가 있습니다. 신화처럼 빛나는 위인들의 모습은 아이들에게 훌륭한 역할 모델이 되고, 그런 삶을 살기 위해 무엇을 어떻게 해야 할지를 알려 주는 밝은 등대가 됩니다.

그렇다면 우리가 어른으로서 아이들에게 권해야 할 위인전은 무엇일까요? 보통 우리가 생각하는 '위인'은 훌륭한 업적을 남긴 위대한 사람, 멋지고 능력 있는 사람입니다. 하지만 시대가 변했으니 아이들이 역할 모델로 삼을 수 있는 위인의 정의나 기준도 변해야 할 것입니다.

그런 의미에서 비룡소의「새싹 인물전」은 종래의 위인전과는 다른 점이 많습니다. 시리즈 이름이 '위인전'이 아닌 '인물전'이라는 데 주목하기 바랍니다.「새싹 인물전」은 하늘에서 빛나는 위인을 옆자리 짝꿍의 위치로 내려놓습니다. 만화 같은 친근한 일러스트는 자칫 생소할 수 있는 옛사람들의 이야기를 일상에서 만날 수 있는 재미있는 사건처럼 보여 줍니다.

또 하나,「새싹 인물전」에는 위인전에 단골로 등장하는 태몽이나 어린 시절의 비범한 에피소드, 위인 예정설 같은 과장이 없습니다. 사실 이런 이야기들은 현대를 사는 아이들에게는 황당하고 이해하기 힘든 일일 뿐입니다. 그보다는 천 리 길도 한 걸음부터, 큰 성공도 자잘한 일상의 인내와 성실함이 없었다면 이루어질 수 없었다는 것을 알려 주는 것이 중요합니다. 세상 사람들의 우러름을 받는 이들도 여느 아이들과 같은 시절을 겪었음을 보여 줌으로써, 아이들에게 괜한 열등감을 주지 않고 그네들의 모습을 마음속에 담을 수 있도록 해 주는 것입니다.

 덧붙여 위인전이란 그 인물이 얼마나 훌륭한 업적을 남겼는가 보여 주는 것도 중요하지만, 얼마나 참된 인간다움을 보였는가를 알려 줄 필요도 있습니다. 여기서 '인간다움'이란 기본적인 선함과 이해심, 남을 위해 봉사할 수 있는 사랑과 배려, 그리고 한 가지 목표를 설정하고 앞으로 나아갈 수 있는 의지와 용기를 말합니다. 성취라는 결과보다는 성취하기 위한 과정을 보여 주고, 사회적인 성공보다는 한 인간으로서 얼마나 자기 자신에게 철저하고 진실했는지를 보여 주는 것이 중요하다는 것입니다.

 하지만 아무리 좋은 가르침도 사랑과 따뜻함이 없으면 억누름과 상처가 될 뿐이겠지요. 「새싹 인물전」은 나의 노력과 의지에 따라 얼마든지 의미 있는 삶을 살 수 있음을 알려 줍니다. 내가 알고 있는 삶 외에도 또 다른 삶이 존재할 수 있다는 것, 꿈을 키우고 이루어 가는 과정에서 배우고 경험하게 되는 것들의 가치, 그런 따뜻함을 담고 있는 위인전입니다. 부디 이 책이 삶의 첫발을 내딛는 아이들에게 좋은 길잡이가 되었으면 하는 바람입니다.

기획 위원

박이문(전 연세대 교수, 철학)
장영희(전 서강대 교수, 영문학)
안광복(중동고 철학 교사, 철학 박사)

● 사진 제공
  66~68쪽, 69쪽(아래), 70~73쪽_ 게티 이미지. 69쪽(위)_ 위키피디아.

글쓴이 김종렬

경기도 파주에서 태어나 중앙 대학교 문예 창작학과를 졸업했다. 2002년 『날아라, 비둘기』로 황금도깨비상을 받았다. 지은 책으로 『길모퉁이 행운돼지』, 『내 동생은 못 말려』, 『난생신화 조작 사건』, 『해바라기 마을의 거대 바위』, 『우리의 소원은 독립이오』, 『최무선』, 『정조 대왕』 등이 있다.

그린이 안희건

홍익 대학교에서 광고 커뮤니케이션 디자인을 공부했다. 나이아가라 문화 예술 모임에서 일러스트레이션을 연구하고 있으며, A/B(Sungbuk)에서 그래픽 디자이너로 활동 중이다. 그린 책으로 『스티브 잡스』, 『반걸음 내딛다』, 『소중한 생명을 다루는 의사』 등이 있다.

새싹 인물전
040

라이트 형제

1판 1쇄 펴냄 2010년 12월 10일   1판 13쇄 펴냄 2020년 5월 22일
2판 1쇄 펴냄 2021년 5월 28일   2판 4쇄 펴냄 2025년 6월 2일

글쓴이 김종렬   그린이 안희건
펴낸이 박상희   편집장 전지선   편집 송재형   디자인 박연미, 이유림
펴낸곳 (주)비룡소   출판등록 1994.3.17. (제16-849호)
주소 06027 서울시 강남구 도산대로1길 62 강남출판문화센터 4층
전화 02)515-2000   팩스 02)515-2007   홈페이지 www.bir.co.kr
제품명 어린이용 각양장 도서   제조자명 (주)비룡소   제조국명 대한민국   사용연령 3세 이상

ⓒ 김종렬, 안희건, 2010. Printed in Seoul, Korea

ISBN 978-89-491-2920-4 74990
ISBN 978-89-491-2880-1 (세트)

「새싹 인물전」 시리즈

- 001 **최무선** 김종렬 글 이경석 그림
- 002 **안네 프랑크** 해리엇 캐스터 글 헬레나 오웬 그림
- 003 **나운규** 남찬숙 글 유승하 그림
- 004 **마리 퀴리** 캐런 월리스 글 닉 워드 그림
- 005 **유일한** 임사라 글 김홍모·임소희 그림
- 006 **윈스턴 처칠** 해리엇 캐스터 글 린 윌리 그림
- 007 **김홍도** 유타루 글 김홍모 그림
- 008 **토머스 에디슨** 캐런 월리스 글 피터 켄트 그림
- 009 **강감찬** 한정기 글 이홍기 그림
- 010 **마하트마 간디** 에마 피시엘 글 리처드 모건 그림
- 011 **세종 대왕** 김선희 글 한지선 그림
- 012 **클레오파트라** 해리엇 캐스터 글 리처드 모건 그림
- 013 **김구** 김종렬 글 이경석 그림
- 014 **헨리 포드** 피터 켄트 글·그림
- 015 **장보고** 이옥수 글 원혜진 그림
- 016 **모차르트** 해리엇 캐스터 글 피터 켄트 그림
- 017 **선덕 여왕** 남찬숙 글 한지선 그림
- 018 **헬렌 켈러** 해리엇 캐스터 글 닉 워드 그림
- 019 **김정호** 김선희 글 서영아 그림
- 020 **로버트 스콧** 에마 피시엘 글 데이브 맥타가트 그림
- 021 **방정환** 유타루 글 이경석 그림
- 022 **나이팅게일** 에마 피시엘 글 피터 켄트 그림
- 023 **신사임당** 이옥수 글 변영미 그림
- 024 **안데르센** 에마 피시엘 글 닉 워드 그림
- 025 **김만덕** 공지희 글 장차현실 그림
- 026 **셰익스피어** 에마 피시엘 글 마틴 렘프리 그림
- 027 **안중근** 남찬숙 글 곽성화 그림
- 028 **카이사르** 에마 피시엘 글 레슬리 뷔시커 그림
- 029 **백남준** 공지희 글 김수박 그림
- 030 **파스퇴르** 캐런 월리스 글 레슬리 뷔시커 그림
- 031 **유관순** 유은실 글 곽성화 그림
- 032 **알렉산더 벨** 에마 피시엘 글 레슬리 뷔시커 그림
- 033 **윤봉길** 김선희 글 김홍모·임소희 그림
- 034 **루이 브라유** 테사 포터 글 헬레나 오웬 그림
- 035 **정약용** 김은미 글 홍선주 그림
- 036 **제임스 와트** 니컬라 백스터 글 마틴 렘프리 그림
- 037 **장영실** 유타루 글 이경석 그림
- 038 **마틴 루서 킹** 베르나 윌킨스 글 린 윌리 그림
- 039 **허준** 유타루 글 이홍기 그림
- 040 **라이트 형제** 김종렬 글 안희건 그림
- 041 **박에스더** 이은정 글 곽성화 그림
- 042 **주몽** 김종렬 글 김홍모 그림
- 043 **광개토 대왕** 김종렬 글 탁영호 그림
- 044 **박지원** 김종광 글 백보현 그림
- 045 **허난설헌** 김은미 글 유승하 그림
- 046 **링컨** 이명랑 글 오승민 그림
- 047 **정주영** 남경완 글 임소희 그림
- 048 **이호왕** 이영서 글 김홍모 그림
- 049 **어밀리아 에어하트** 조경숙 글 원혜진 그림
- 050 **최은희** 김혜연 글 한지선 그림
- 051 **주시경** 이은정 글 김혜리 그림
- 052 **이태영** 공지희 글 민은정 그림
- 053 **이순신** 김종렬 글 백보현 그림
- 054 **오드리 헵번** 이은정 글 정진희 그림
- 055 **제인 구달** 유은실 글 서영아 그림
- 056 **가브리엘 샤넬** 김선희 글 민은정 그림
- 057 **장 앙리 파브르** 유타루 글 하민석 그림
- 058 **정조 대왕** 김종렬 글 민은정 그림
- 059 **나폴레옹 보나파르트** 남찬숙 글 남궁선하 그림
- 060 **이종욱** 이은정 글 우지현 그림

061	**박완서**	유은실 글 이윤희 그림
062	**장기려**	유타루 글 정문주 그림
063	**김대건**	전현정 글 홍선주 그림
064	**권기옥**	강정연 글 오영은 그림
065	**왕가리 마타이**	남찬숙 글 윤정미 그림
066	**전형필**	김혜연 글 한지선 그림
067	**이중섭**	김유 글 김홍모 그림
068	**그레이스 호퍼**	박주혜 글 이해정 그림
069	**석주명**	최은옥 글 이경석 그림
070	**박자혜**	유은실 글 서영아 그림
071	**전태일**	김유 글 박건웅 그림
072	**스티븐 호킹**	성완 글 국민지 그림

* 계속 출간됩니다.